꽁냥꽁냥
그림과학

妙妙喵圖解生活科學2：超能微波爐

Text copyright ⓒAmi Hu 2021
All Rights Reserved.
First published in Traditional Chinese in 2021 by
CommonWealth Education Media and Publishing Co., Ltd.
Korean Translation rights arranged with CommonWealth Education Media and
Publishing Co., Ltd. through May Agency
Korean Translation Copyright ⓒ 2023 by Mindalive Co., Ltd.

*Sponsored by the Ministry of Culture, Republic of China (Taiwan).

이 책은 MAY 에이전시를 통한 저작권자의 독점계약으로 (주)창의와탐구에서
출간되었습니다. 저작권법에 의해 한국 내에서 보호를 받는 저작물이므로 무단전재와 복제를 금합니다.

꽁냥꽁냥 그림과학

❷ 전자레인지는 초능력자!

머리말

생활 속 숨은 비밀을 과학으로 찾아봐요

《꽁냥꽁냥 그림과학》 시리즈는 어디로 튈지 모르는 두 주인공 꽁냥이와 톡톡이가 여러분을 재미있는 과학의 세계로 이끌어요. 그림만 봐도 내용을 알 수 있죠. 각 장의 시작은 만화로 이뤄져 있는데요. 꽁냥이, 톡톡이를 따라 만화를 보다가 궁금증이 생긴 친구들은 걱정할 필요 없어요. 다음 페이지를 보면 그림, 설명, 도표, 전개도 등이 있어 차근차근 답을 찾아갈 수 있으니까요. 정확하고 생생한 그림을 보다 보면 복잡하고 어렵기만 하던 과학이 더 쉽게 이해되고 내 것이 된답니다.

이 책을 통해 여러분의 마음 밭에 신기한 씨앗들이 뿌려져 '호기심'이란 나무로 자라고, 또다시 '흥미'라는 꽃으로 피어날 수 있으면 좋겠어요. 우리 생활 속에는 흥미로운 비밀들이 가득 숨겨져 있어요. 그 비밀들은 우리가 찾아 주길 기다리고 있고요.

주인공을 소개합니다

나는 똑똑별에서 왔어. 모자를 좋아하고, 과학은 더 좋아해. 호기심 많은 톡톡이의 질문에 답을 해 주며 함께 살고 있어. 신나는 과학 이야기를 할 때가 가장 행복한 나는 꽁냥이라고 해.

나는 꽁냥이의 옆에 딱 붙어서 질문하는 걸 좋아해. 장난을 하다가 가끔 사고를 치기도 해, 인정! 그래도 질문을 아주아주 많이 하고 싶어. 호기심이 발동하면 끝까지 알아내야 속이 시원한 나는 톡톡이라고 해.

차례

머리말	4
주인공을 소개합니다	5

1장 날씨와 하늘

01 무지개는 왜 뜰까?	8
02 비는 왜 내릴까?	14
03 세상에서 가장 추운 곳은?	20
04 태풍은 어디에서 올까?	26
05 날아서 달까지 갈 수 있을까?	30

2장 지구와 자연

06 온천은 어디서 솟아나지?	36
07 화석은 어떻게 만들어질까?	40
08 바닷물은 왜 짜지?	46
09 지진은 왜 일어날까?	50
10 소리는 어떻게 생길까?	56

3장 기계와 전기

11 어떻게 감전이 되는 거지? ... 62
12 에스컬레이터는 어디로 가는 걸까? ... 66
13 전자레인지는 어떻게 음식을 익힐까? ... 70
14 삐빅, 계산됐습니다! ... 76

4장 즐거운 여행

15 무엇을 타고 여행 갈까? ... 82
16 몰라도 돼, GPS가 있잖아! ... 88
17 튜브는 왜 필요하지? ... 94
18 불꽃은 왜 여러 가지 색깔일까? ... 98
19 누가 비행기를 조종하지? ... 104

꽁냥과 톡톡의 과학 수다 & 퀴즈 ... 110

01
무지개는 왜 뜰까?

무지개는 언제 나타날까요?

무지개는 햇빛과 작은 물방울이 함께 만들어요. 그래서 비가 막 그치고 해가 떴을 때 무지개가 나오기 쉬워요.

비가 내린 하늘은 매우 깨끗해서 먼지가 없고, 작은 물방울들이 많아서 종종 무지개가 떠요.

우리 힘을 모아 무지개를 만들자!

좋아!

? 일곱 가지 색 요정이에요. 무지개 색 순서에 맞게 아래에 2~7까지 숫자를 써 봐요.

❶ 남색 ❷ 빨간색 ❸ 노란색 ❹ 보라색 ❺ 주황색 ❻ 파란색 ❼ 초록색

정답 : ❷❸❺❼❻❶❹

햇빛과 물방울이 어떻게 무지개를 만들어 낼까요?

햇빛은 본래 하얀색으로 보여요. 그런데 물방울을 지나가면 햇빛이 분산되면서 무지개와 같은 빛깔로 보이게 돼요. 이런 무지개는 빨강, 주황, 노랑, 초록, 파랑, 남색, 보라 일곱 가지 색으로 이뤄져 있지요.

햇빛 속에는 일곱 가지 빛깔이 숨어 있어요.
그런데 모든 빛깔이 함께 모여 있을 때는 꼭 하얀색처럼 보여요.

하지만 이 빛깔들이 흩어지면 서로 다른 색으로 보이게 돼요.

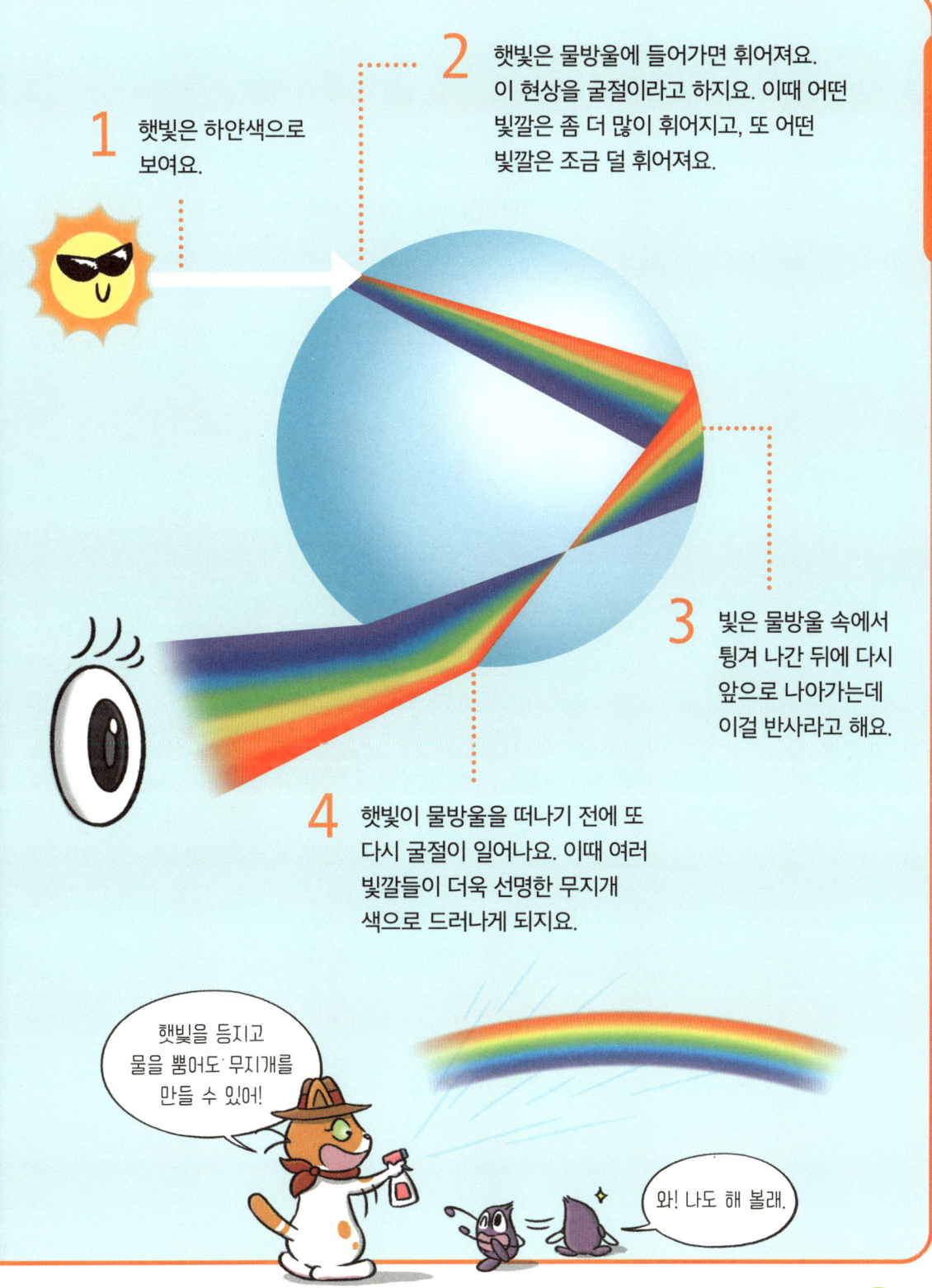

빛의 흡수와 반사가 부리는 색채 마술

빛이 어떤 물건의 표면에 닿으면 어떤 빛깔은 흡수되고 또 어떤 빛깔은 반사돼요. 이때 반사된 빛깔은 우리가 보는 물건의 색깔로 보이게 된답니다.

빨간색 빛이 반사돼 사람의 눈에 닿으면 꽃은 빨간색으로 보여요.

모든 빛깔이 흡수돼 사람의 눈에 들어가지 않으면 꽃병은 검은색으로 보이죠.

02
비는 왜 내릴까?

비는 어디에서 내릴까요?

빗방울은 구름 속에서 내려요. 구름 속 작은 물방울들이 모여 땅으로 떨어지면 비가 돼요.

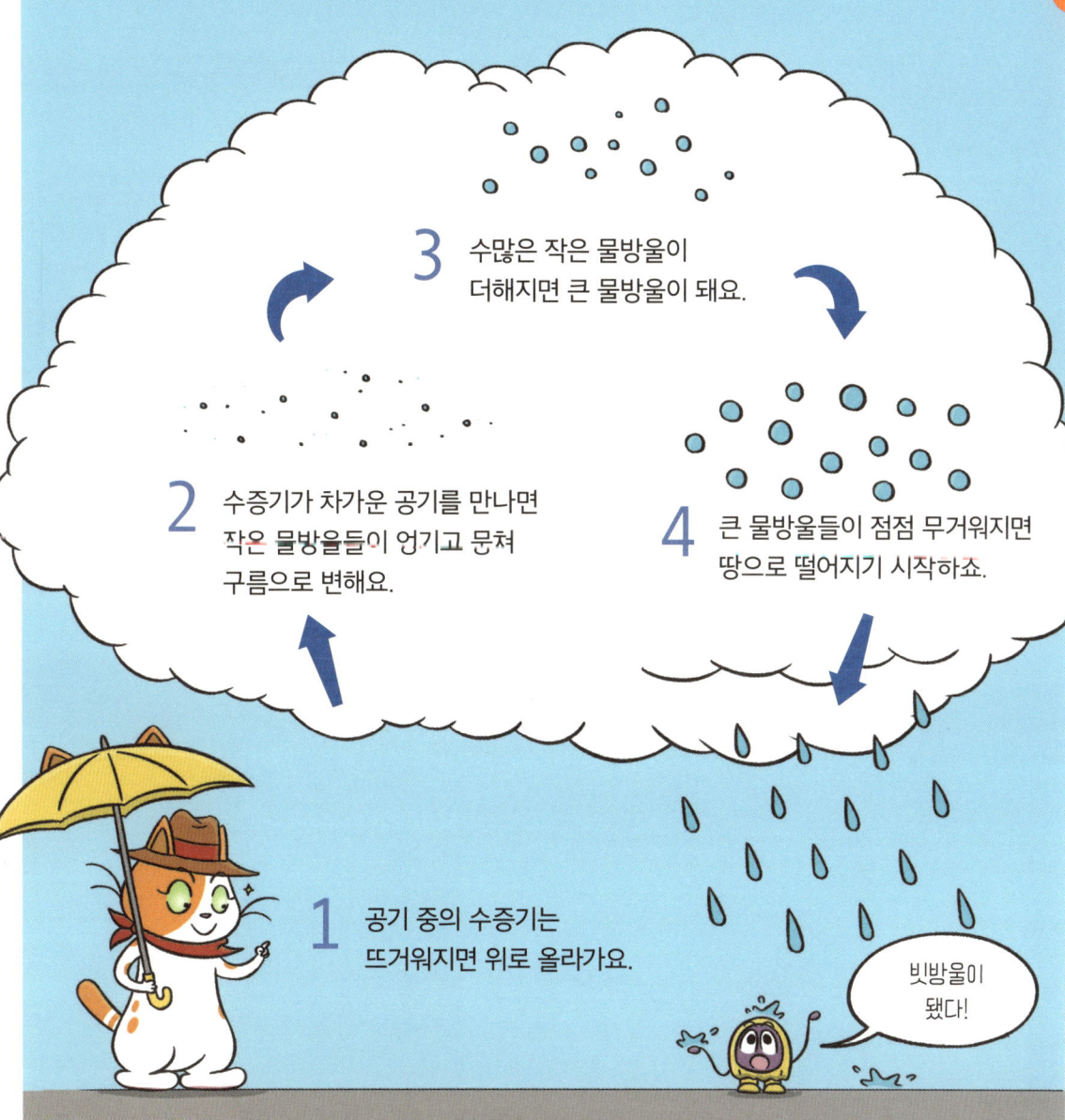

3 수많은 작은 물방울이 더해지면 큰 물방울이 돼요.

2 수증기가 차가운 공기를 만나면 작은 물방울들이 엉기고 뭉쳐 구름으로 변해요.

4 큰 물방울들이 점점 무거워지면 땅으로 떨어지기 시작하죠.

1 공기 중의 수증기는 뜨거워지면 위로 올라가요.

빗방울이 됐다!

땅에 떨어진 빗방울은 어디로 갈까요?

구름 속 작은 물방울에도 얼음 결정이 있어요. 보통 얼음 결정은 땅으로 떨어지며 녹아서 비가 되는데요. 날씨가 너무 추우면 얼음 결정이 땅으로 떨어질 때 녹지 않아서 눈이 와요.

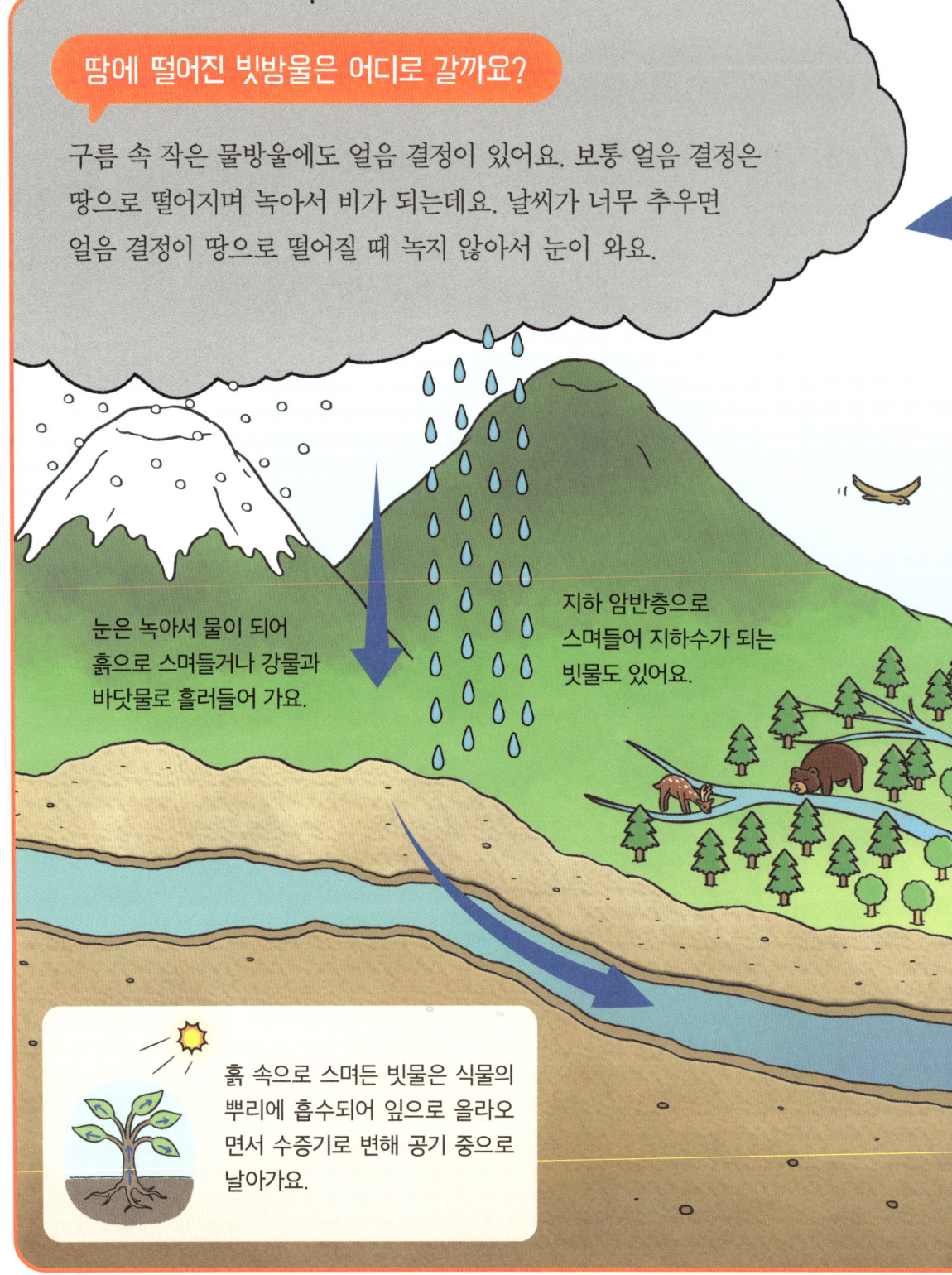

눈은 녹아서 물이 되어 흙으로 스며들거나 강물과 바닷물로 흘러들어 가요.

지하 암반층으로 스며들어 지하수가 되는 빗물도 있어요.

흙 속으로 스며든 빗물은 식물의 뿌리에 흡수되어 잎으로 올라오면서 수증기로 변해 공기 중으로 날아가요.

동물도 모두 비를 피할까요?

비가 내릴 때 대부분의 사람과 동물은 비를 피하는데요. 오히려 비가 올 때 활동하는 동물도 있어요.

비 오니까 진짜 재밌어!

물에 사는 새들은 비를 겁내지 않아요. 이 새들은 꼬리 부분에서 기름이 나오는데요. 부리로 이 기름을 깃털에 바르면 방수가 된답니다.

달팽이와 개구리는 피부가 촉촉해야 살아갈 수 있어요. 그래서 비가 오는 날을 좋아하지요.

03 세상에서 가장 추운 곳은?

세상에서 가장 추운 곳은 어디일까요?

흔히 극지방을 지구에서 가장 추운 곳이라고 해요. 북반구에 있는 북극과 남반구에 있는 남극을 말하죠.

우리가 사는 대한민국은 온대에 있어!

온대
열대와 한대 사이에 자리하고 있어 날씨가 온화해요.

열대
낮이면 항상 태양이 적도 부근을 직접 비춰서 매우 더워요.

한대
남극과 북극권은 태양이 비스듬히 비춰 몹시 추워요.

 남극과 북극, 어디가 더 추울까요?

❶ 북극, 북극곰은 털이 더 두꺼우니까.

❷ 남극, 펭귄이 더 귀엽게 생겼으니까.

❸ 남극, 남극은 텅 빈 얼음 땅이니까.

❸ : 답정

1장 날씨와 하늘

북극보다 남극이 추워요!

북극은 바다 위에 떠 있는 커다란 빙하 층이에요. 한편 남극은 육지 자체가 쑥 솟아올라 있어서 세상에서 가장 추운 곳이랍니다. 자세히 알아볼까요?

북극곰
북극제비갈매기

북극
최저 온도는 영하 68도예요.

남극권은 북극권보다 훨씬 추워요. 현재는 아주 적은 수의 연구원들과 몇몇 동물들만이 살고 있어요.

남극
최저 온도는 영하 89도예요.

04 태풍은 어디에서 올까?

태풍이 오면 어떤 일이 일어날까요?

태풍은 엄청나게 강한 바람을 몰고 와요.
간판이나 커다란 나무도 쓰러뜨리고,
바다에 무지막지하게 큰 파도도 일으키지요.

태풍은 매우 큰 비를 몰고 오기도 해요.
비가 지나치게 많이 오면 산비탈의 흙이
물을 많이 빨아들여 무거워져요.
그러면 산비탈 전체가 쏟아져 내리는
산사태가 나기도 해요.

태풍은 어디에서 올까요?

태풍은 열대지방에서 와요. 태양이 열대지방의 바닷물을 덥히면 수증기로 바뀌면서 공중으로 올라와 천천히 태풍을 만들거든요.

2 하늘은 차가운 편이라 뜨거운 수증기가 찬 공기를 만나면 구름으로 바뀌어요.

1 바닷물이 햇볕에 덥혀지면 수증기로 변해 하늘로 올라가요.

태풍의 눈

태풍의 눈 바로 옆은 비바람이 가장 강한 곳이랍니다.

05
날아서 달까지 갈 수 있을까?

날씨와 하늘

비행기를 타고 달에 갈 수 있을까요?

달은 우주에 있고, 비행기는 우주까지 날아갈 수 없어요.
대신 로켓과 우주선을 타면 달에 갈 수 있어요.

우주선

지구에는 중력이 있어 모든 사물을 땅으로 끌어당겨요. 그런데 비행기의 힘은 그리 세지 않아 지구의 중력을 벗어나 우주로 날아갈 수는 없어요.

? 우주나 달에서는 어떤 옷을 입어야 할까요?

억, 무거워!

❶ 공주 옷 ❷ 우주복 ❸ 운동복

정답 : ❷

1장 날씨와 하늘

달에서 입는 우주복을 알아봐요

우주와 달의 환경은 우리가 사는 지구와 아주 달라요. 엄청 무거워도 이 우주복과 우주 장비를 갖춰야만 몸을 안전하게 보호할 수 있어요.

우주복 안에 빨대가 달린 음료 주머니가 있어 물을 마실 수 있어요.

달은 태양이 없을 때 영하 180도까지 온도가 내려가서 얼음보다 더 차가워요. 해가 비치면 130도까지 온도가 올라가 몸이 새까맣게 탈 수 있어요.

우주복은 여러 겹으로 되어 있어 너무 춥거나 덥지 않게 하고, 위험한 방사선에 노출되지 않도록 막아 줘요.

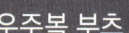

우주복 안에는 기저귀가 있어서 거기에 오줌을 눠요.

우주에서 우주복을 입지 않으면 사람의 몸은 공기압이 없어 팽창하게 돼요. 뿐만 아니라 피가 뜨거워져 몸이 폭발할 수도 있지요.

우주복 부츠

등에 맨 가방에는 우주인이 숨 쉴 수 있도록 공기가 저장돼 있어요.

동료의 목소리를 들을 수 있는 통신 장치도 있어요.

컬러 텔레비전 카메라

헤드라이트

우주복 장갑

날씨와 하늘

달 표면에는 공기가 거의 없어서 우리는 달에서 숨을 쉴 수 없어요.

공기가 없으니 공기를 통해 소리를 전달할 수 없어요. 달에서는 아무리 말을 해도 남이 들을 수 없어요.

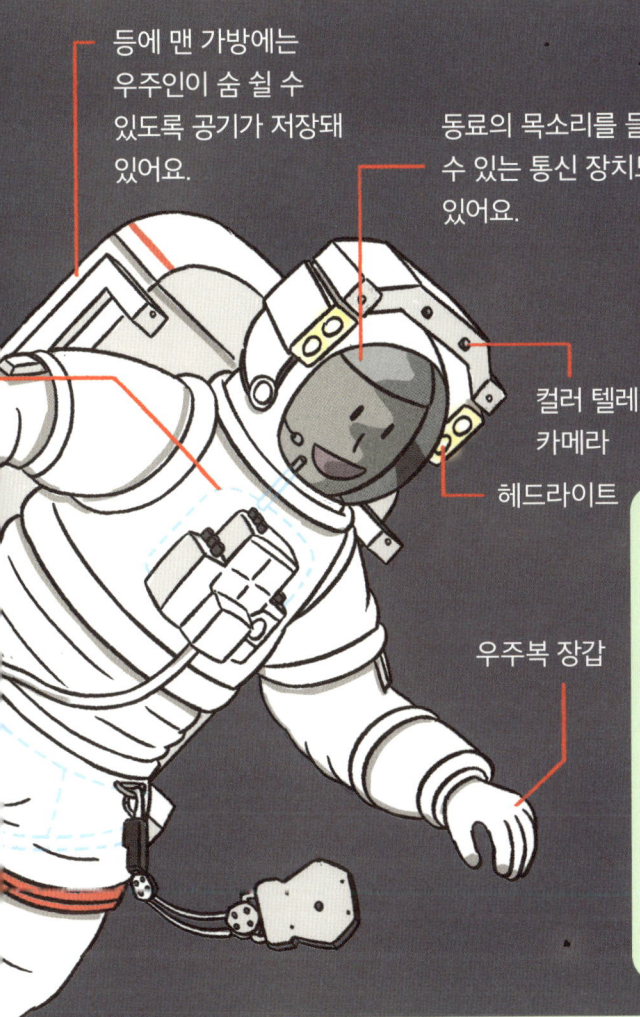

지구에서 | 달에서
30 KG | 5 KG

달의 중력은 지구보다 약해서 달에 가면 우리 몸무게가 훨씬 가벼워져요. 뿐만 아니라 살짝만 뛰어도 아주 높이 튀어 올라갈 수 있답니다.

준비 다 됐어?

1장 날씨와 하늘

하늘로 날아올라 달로 가는 로켓

1 발사대에 올라간 로켓과 우주선은 모든 준비를 마친 뒤 10초의 카운트다운 뒤에 하늘로 날아가요.

2 많은 연료를 싣고 있는 로켓은 기체와 불꽃을 뿜어내며 우주선이 우주로 날아가도록 밀어내요.

5, 4, 3, 2, 1! 발사!

날씨와 하늘

3 연료를 다 쓴 로켓은 우주선과 분리돼요. 그러면서 우주선의 무게도 가벼워지죠.

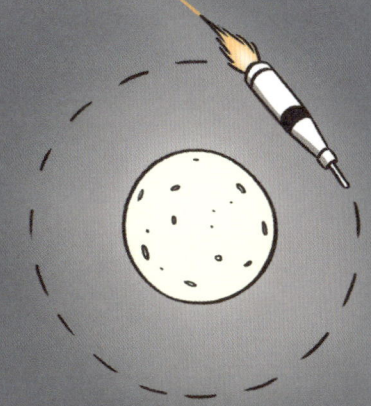

4 우주선은 4일 만에 38만 킬로미터를 날아 달에 도착해요.

5 우주인은 달 탐사선으로 갈아타고 달에 내려요.

드디어 달에 도착!

1장 날씨와 하늘

06 온천은 어디서 솟아나지?

온천의 뜨거운 물은 어디에서 올까요?

온천 물은 땅 밑에서 솟아나요. 온천수 안으로 들어가 자세히 살펴보면 온천의 뜨거운 물이 땅 밑의 작은 구멍이나 틈에서 흘러나온다는 걸 알 수 있어요.

가자! 온천수가 어디서 오는지 잠수해서 알아보자.

거품이 뽀글뽀글 올라 와.

천연 온천은 온천마다 온도가 달라요. 어떤 온천은 물이 따뜻한 정도지만, 어떤 온천은 너무 뜨거워 찬물을 넣어야만 들어갈 수 있어요.

수도관

온천

지구와 자연

2장 지구와 자연

어떻게 땅 밑에서 뜨거운 물이 솟아날까요?

맨발로 땅을 밟으면 서늘하지요? 그런데 아주 깊은 땅 밑에는 엄청나게 뜨거운 마그마가 있어요. 지하수가 이 마그마로 데워진 뒤 땅 밑의 틈이나 구멍을 따라 땅 위로 솟아나면 우리가 아는 뜨거운 온천이 돼요.

1. 빗물이 땅에 내려 땅 밑으로 흘러 들어가면 바로 지하수가 돼요.

2. 지하수가 마그마를 만나 데워지면 뜨거운 물이나 수증기가 되고요.

07
화석은 어떻게 만들어질까?

화석은 무엇일까요?

화석은 아주 먼 옛날에 살던 공룡이나 다른 생물이 변한 것이에요. 그들은 죽은 뒤 깊고 깊은 땅 밑에 묻혔다가 오랜 세월에 걸쳐 화석이 된 거랍니다.

지구와 자연

❓ 공룡의 화석은 왜 뼈만 남았을까요?

❶ 가죽과 살은 다른 동물이 먹어서
❷ 가죽과 살은 세균에 분해가 돼서 
❸ 가죽과 살은 불에 몽땅 타서

정답 : ❶❷

2장 지구와 자연

먹히거나 분해된 공룡의 가죽과 살

공룡이 죽으면 그 시체는 다른 작은 동물들에게 진수성찬이 됐어요. 공룡의 피부나 근육, 내장까지 모두 작은 동물들이 먹어 치웠지요. 먹고 남은 부분은 세균이나 곰팡이에 의해 분해되어 서서히 썩고 악취를 풍기다 사라졌고요.
그런데 마지막까지 남은 뼈는 오랜 세월이 지나며 화석이 됐어요.

화석이 만들어지는 과정

1 막 죽은 공룡이나 동물은 몸이 온전한 편이에요.

2 몇몇 작은 동물은 공룡의 살을 먹고, 세균과 곰팡이도 공룡의 피부와 살을 분해시켜요. 하지만 이빨이나 발톱, 뼈처럼 딱딱한 부위는 남게 되지요.

커다란 공룡뿐만 아니라 다른 동물, 식물, 작은 생물도 화석이 될 수 있어요.

3 시간이 흐르며 뼈는 땅 밑에 묻히게 돼요.

4 한 번 묻힌 뼈는 점점 더 깊은 땅 밑으로 묻히게 되고요.

5 십만 년 혹은 백만 년의 시간이 흐르며 뼈는 점차 돌이 되어 화석으로 변해요.

08 바닷물은 왜 짜지?

바닷물을 마시면 왜 짤까요?

바닷물에는 엄청 많은 소금이 들어 있어서 마시면 쓰고 짠 맛이 나요. 소금은 우리 몸의 건강을 지키는 중요한 성분 가운데 하나랍니다. 그래서 사람들은 먼 옛날부터 바닷물을 끓이거나 햇볕에 말려서 물을 증발시키고 남은 바다 소금을 음식에 넣어 먹었어요.

1리터의 바닷물에는 35그램 정도의 소금이 있어요. 바닷물을 햇볕에 쪼이거나 불로 끓여서 말리면 하얀 소금이 남게 되지요.

2장 지구와 자연

09 지진은 왜 일어날까?

땅의 진동은 어디에서 올까요?

커다란 트럭이 지나가거나 엄청 무거운 물건이 떨어진다든지 화산이 폭발할 때 우리는 발밑의 땅이 함께 울리는 걸 느낄 수 있어요. 하지만 진짜 지진은 대부분 아주 깊은 땅 밑에서 일어난답니다. 지구의 내부에서 생긴 지진이 땅 위까지 전해지는 것이지요.

지구와 자연

우리는 지구라는 행성 위에서 살고 있어요. 지구의 표면은 차갑지만 땅 밑으로 깊이 내려갈수록 점점 더 뜨거워요.

지구 속은 무엇으로 되어 있을까요?

지구를 열어서 본다면 그 안이 한 층 한 층 다르게 나뉘어 있다는 걸 알 수 있어요.

지구의 내부는 엄청 뜨거운 마그마야.

땅 밑이 이렇게 뜨겁다니! 우리가 사는 지각 겉은 차가워서 다행이다!

지구의 겉은 차갑지만 안은 뜨거워요. 그 안으로 1킬로미터씩 들어갈수록 약 25도씩 뜨거워져요.

맨틀
암석이지만 온도가 1,400도를 넘기 때문에 일부가 녹아서 마그마처럼 흘러요.

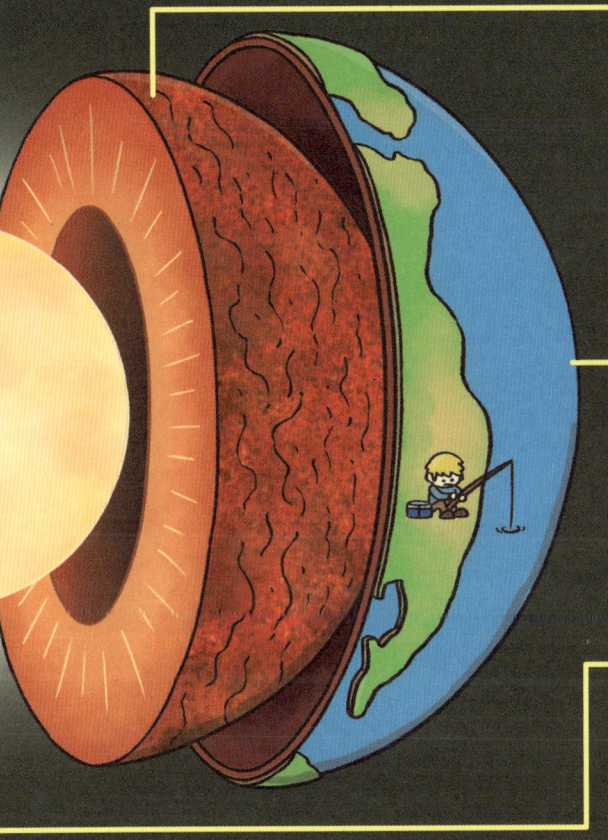

＊지각
단단한 암석이에요. 마치 딱딱한 달걀 껍데기가 알을 둘러싸고 있는 것처럼요.

핵
주요 성분은 금속으로 최고 온도는 6,000도나 돼요! 거의 태양과 비슷하게 뜨겁답니다.

 ＊ 지각은 달걀의 껍데기처럼 매끈하게 하나로 되어 있지 않고 조각조각 나뉘어 있어서 지각판이라고 불러요.

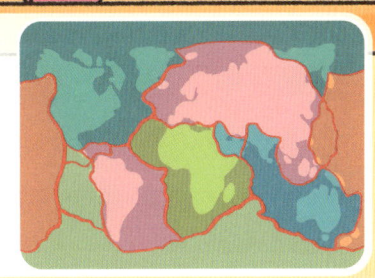

2장 지구와 자연

지각판 운동으로 만들어지는 지진

우리가 사는 지각판은 마그마 위에 떠서 흐르는 마그마와 함께 움직여요. 이런 지각판들이 서로 밀어내고, 갈라지거나 위치를 옮기면 우리는 지진을 느끼게 돼요!

밀어내기

지층이 서로 밀어내면 한쪽이 다른 한쪽으로 밀려 올라가요.

땅 밑의 마그마는 온도가 1,400도가 넘어 펄펄 끓는 뜨거운 물처럼 위아래로 흘러요. 그러면 마그마 위에 떠 있는 지각판도 함께 움직이죠.

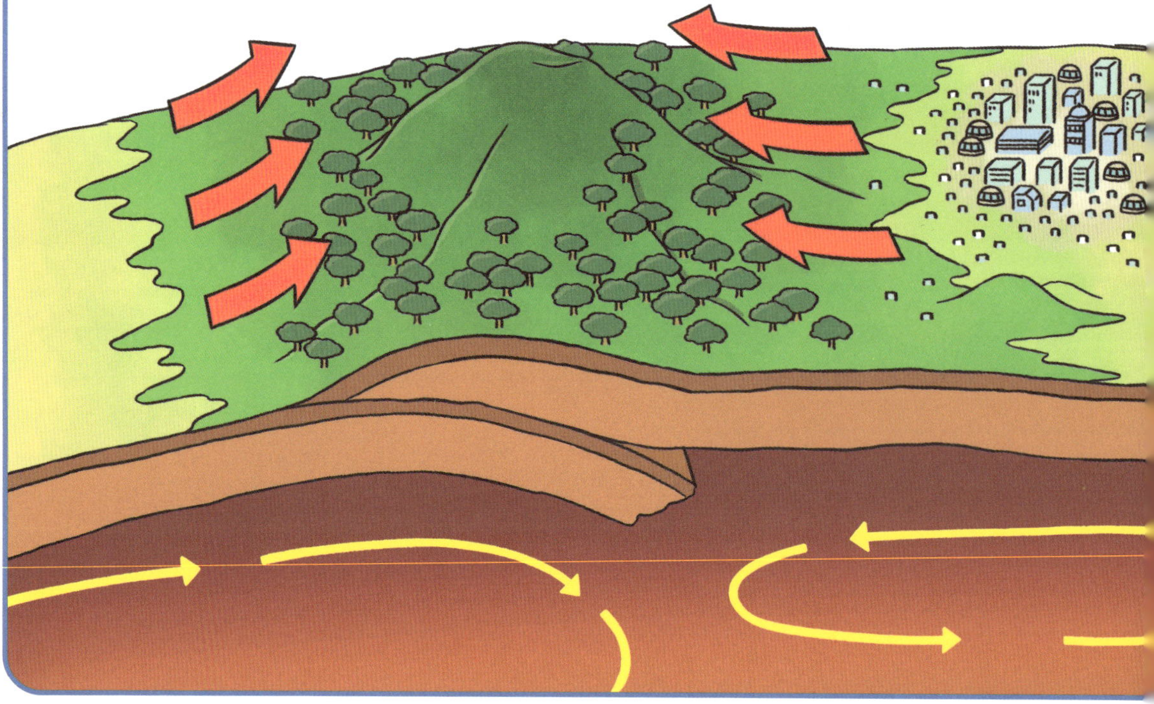

갈라지기

지층이 갈라지면 지진이 나기도 해요.

위치 옮기기

지층의 이동으로 지진이 날 수도 있어요.

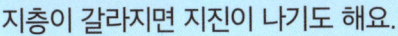

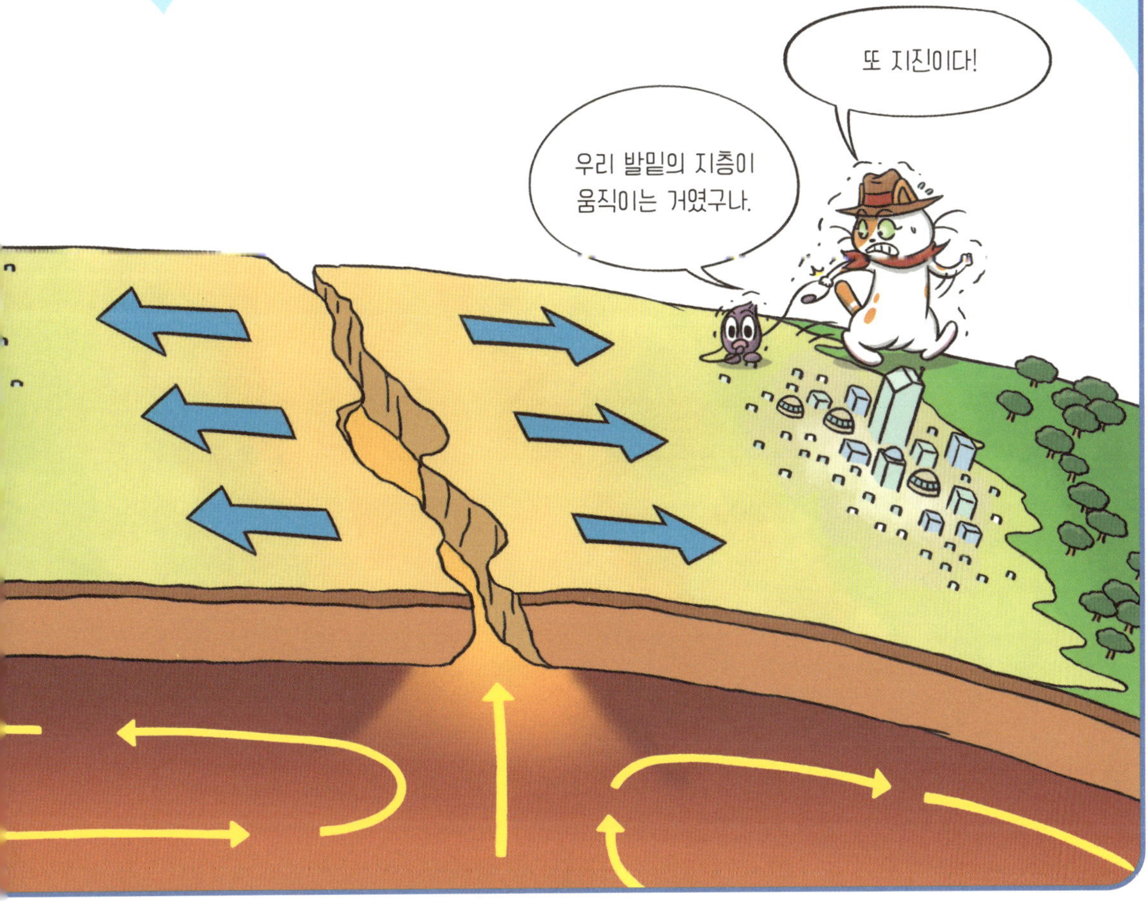

10 소리는 어떻게 생길까?

물체의 진동으로 생기는 소리

소리는 물체의 진동으로 생겨요. 생활 속에서도 쉽게 찾아볼 수 있답니다.

우리 아래 설명대로 해 보자!

"아!" 소리를 내면서 목을 만져 봐요.

음악을 들을 때 스피커에 손을 대 봐요.

북을 칠 때 북의 표면을 만져 봐요.

악기가 내는 소리도 진동 때문일까요?

탕! 탕! 탕! 타악기

어떤 악기들은 두드리거나 때리면 악기 자체가 진동해 소리를 내요.

드럼

실로폰

크고 작은 드럼

드럼을 칠 때 큰북의 치는 면은 진동이 느려 소리가 낮아요. 그에 비해 작은 북의 치는 면은 진동이 빨라 소리가 높지요.

길고 짧은 실로폰

실로폰의 긴 부분을 칠 때는 진동이 느린 편이라 낮은 소리가 나지만, 짧은 부분을 칠 때는 진동이 빨라 높은 소리가 나요.

챙! 챙! 챙! 현악기

어떤 악기들은 여러 개의 긴 줄, 현으로 되어 있어요. 이 현을 튕기거나 당기면 진동이 일어나며 아름다운 음악 소리를 내지요.

기타

바이올린

현

현은 탄성이 있어 튕기면 쉽게 진동이 일어나 소리가 나게 돼요. 두꺼운 현은 진동이 느려 낮은 소리를 내고, 가는 현은 높은 소리를 내지요.

울림통

기타와 바이올린 같은 현악기에는 울림통이 있어요. 현을 튕기면 울림통 안의 공기와 함께 진동이 일어나 소리가 커져요.

삐! 삐! 삐! 관악기

관악기는 긴 관을 갖고 있어요. 이 관 안으로 공기를 불어 넣으면 그 안에서 진동이 일어나면서 높고 낮은 소리가 나게 되지요.

리코더

나팔

리코더의 관
리코더나 나팔 자체가 진동하는 건 아니에요. 하지만 악기 안으로 공기를 불어 넣으면 진동이 생긴답니다.

우리는 어떻게 악기의 소리를 들을 수 있을까요?

악기의 진동은 공기와 함께 일어나고, 공기의 진동은 우리의 귓속으로 전해져 아름다운 소리로 들리게 돼요.

공기는 눈에 보이지 않는 작은 분자인데요. 악기가 진동하면 이 작은 분자들도 함께 진동하면서 음의 파장이 만들어져 우리의 귀에 전해져요.

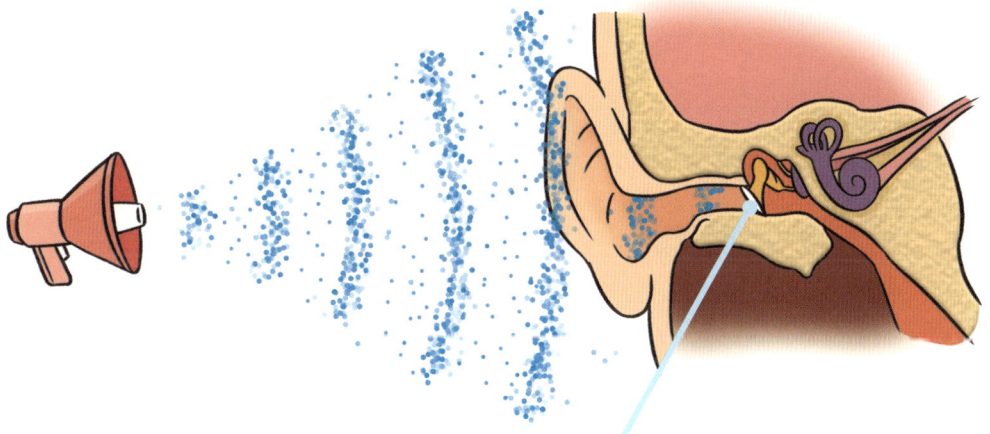

고막

우리 귀 안에는 아주 얇은 막인 고막이 있어요. 고막은 공기를 따라 진동하면서 귀에 들어온 소리를 신경 신호로 바꿔 줘요. 이 신호가 신경을 따라 대뇌로 들어가면 우리가 소리를 들을 수 있게 돼요.

2장 지구와 자연

11 어떻게 감전이 되는 거지?

왜 감전이 될까요?

전원 콘센트나 연결된 전선 안에는 우리 눈에 보이지 않는 전류가 있어요. 우리가 전류를 만지면 그 전류가 우리 몸에 흐르면서 감전이 되는 거예요.

전원 콘센트 안에 있는 전기는 전선을 따라 전기 제품으로 흘러가 그 제품을 작동하게 해요.

전선을 싸고 있는 고무로 된 피복은 전류를 막아 줘요. 덕분에 우리가 선을 만져도 감전되지 않아요. 하지만 전선에 작은 구멍이 있다면 감전될 수 있어요.

피복

전류는 움직이는 전자예요.

3장 기계와 전기

기계와 전기

고압 전기탑
3 고압 전기는 높은 산과 넓은 들판을 지나 도시 근처로 전기를 보내요.

강압 변전소
4 고압 전기는 강압 변전소에서 비교적 약한 전기로 바뀌어요. 그래야만 우리가 안전하게 전기를 사용할 수 있거든요.

전기가 그렇게 먼 곳에서 왔구나!

정전이 되면 우리 모두 전기를 쓸 수 없어!

12
에스컬레이터는 어디로 가는 걸까?

에스컬레이터는 어떻게 움직일까요?

에스컬레이터의 계단은 사라지는 게 아니라 발 아래로 내려가는 거랍니다.

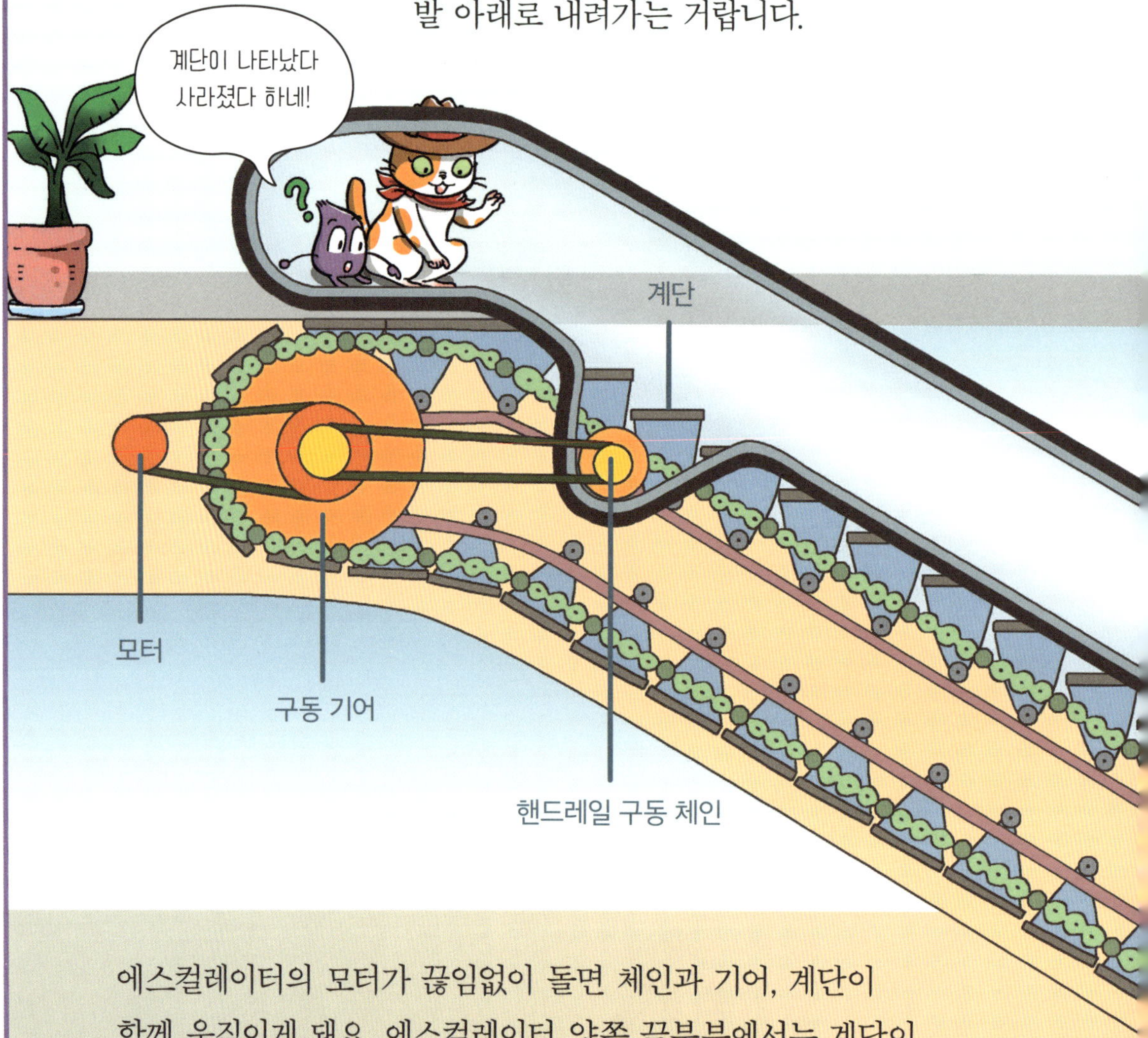

계단이 나타났다 사라졌다 하네!

계단

모터

구동 기어

핸드레일 구동 체인

에스컬레이터의 모터가 끊임없이 돌면 체인과 기어, 계단이 함께 움직이게 돼요. 에스컬레이터 양쪽 끝부분에서는 계단이 마치 사라지는 것처럼 보여요. 하지만 에스컬레이터 계단은 기계 안쪽으로 들어가 우리 눈에 안 보이는 것뿐이에요. 계속 돌면서 반대편으로 다시 나온답니다.

13
전자레인지는 어떻게 음식을 익힐까?

전자레인지에는 왜 불이 없을까요?

전자레인지에는 불이 필요 없어요. 우리 눈에 보이지 않는 마이크로파로 아주 빠르게 음식을 익히거든요.

1. 전자레인지의 문을 열고 전자레인지용 용기에 익힐 음식을 담아서 넣어요.

2. 문을 닫고 요리 시간을 맞춘 뒤 시작 버튼을 눌러요. 그러고 나면 음식은 돌림판 위에서 돌아가요.

- 출력 조절 장치
- 시간 조절 장치
- 전원 장치

자, 점심 먹자!

진짜 빠르네!

3장 기계와 전기

마이크로파는 어디에서 나올까요?

마이크로파는 전자레인지 속 비밀 무기예요.
이 마이크로파는 마치 빛처럼 직진과 반사를 통해
빠르게 음식을 데우지만 우리 눈에는 보이지 않지요.

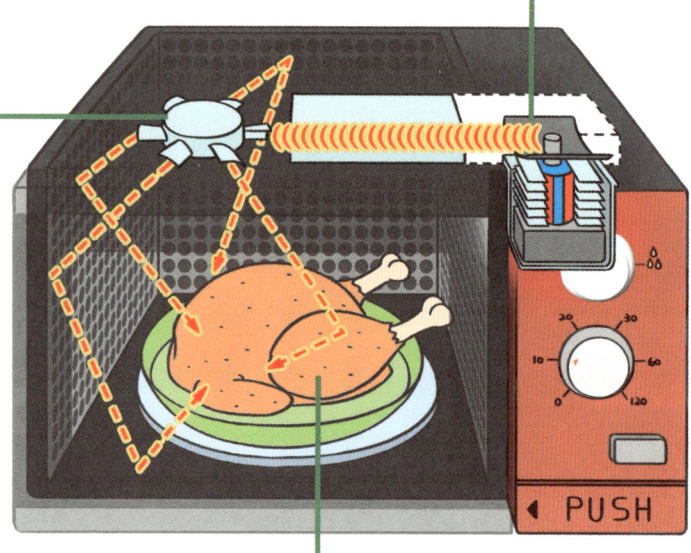

대류팬
끊임없이 돌며 마이크로파를
구석구석으로 반사되게 해요.

마그네트론
여기에서 마이크로파를
대류팬으로 발사해요.

음식
마이크로파는 그릇을 통과해
음식을 따뜻하게 데우기
시작해요.

전자레인지의 벽면과 문 속은 모두 금속으로
둘러싸여 있어 마이크로파가 바깥으로
새어나가지 않도록 막아 줘요.

순서대로 보면 마이크로파가 어떻게 음식을 데우는지 알 수 있어.

1. 음식 속에는 수많은 물 분자가 있어요.

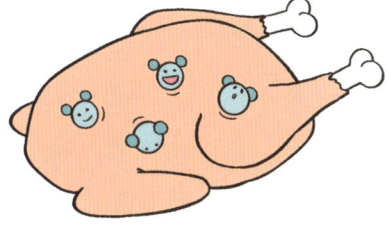

2. 마이크로파를 쬐면 물 분자가 빠른 속도로 진동해요.

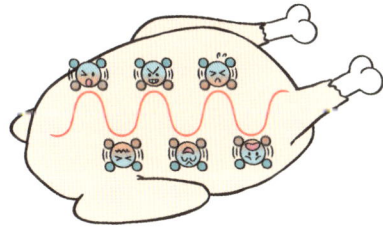

3. 빠르게 진동하는 물 분자는 서로 마찰하고 열을 내면서 음식을 익게 만들어요.

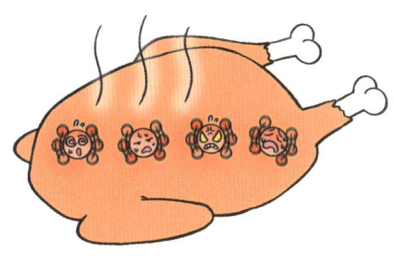

? 전자레인지로 데우면 안 되는 음식은 무엇일까요?

- 날달걀
- 쿠키
- 금속 캔 음료
- 포도
- 맹물
- 라면
- 닭다리
- 고추

정답 : 74~75쪽을 참고해 주세요.

3장 기계와 전기

전자레인지로 데울 수 없는 것은 무엇일까요?

전자레인지는 편리하고 속도가 빠르지만 만능은 아니에요.
어떤 음식이나 그릇은 전자레인지에 넣으면 위험하니 조심해야 해요!

날달걀
전자레인지로 열을 가하면 달걀 속의 수분이 수증기로 변하면서 껍데기에 충격을 줘 달걀 폭탄이 될 수 있어요.

쿠키
쿠키나 빵 같은 음식은 수분이 매우 적어 오랜 시간 가열하면 딱딱해지거나 타고, 불이 날 수 있어요.

포도
몇몇 과일은 전자레인지로 데우기에 적당하지 않아요. 특히 포도는 전자레인지에 넣으면 불꽃이 생길 수 있어요.

닭다리

기계와 전기

금속 캔 음료
금속을 전자레인지에 넣고 열을 가하면 불꽃이 생기거나 전자레인지가 망가질 수 있어요. 금속 식기나 알루미늄 호일, 금속이 들어간 그릇 모두 전자레인지에 넣으면 안 돼요.

고추
고추를 전자레인지에 넣고 돌린 뒤 문을 열면, 고추에 있는 매운 성분이 갑자기 공기 중으로 날아와 우리의 눈이나 목을 상하게 할 수 있어요.

라면

맹물
맹물을 전자레인지에 넣고 가열할 때 시간이 너무 길어지면 끓어 넘칠 수 있어요. 문을 열고 꺼내다가 뜨거운 물이 우리 얼굴이나 손에 튈 수 있으니 조심해야 해요.

14

삐빅, 계산됐습니다!

> 바코드를 스캔하는 소리, 삐빅!

모든 상품의 포장에는 흰색과 검은색 줄무늬로 된 바코드가 있어요. 바코드 읽는 기기를 갖다 대고 바코드를 스캔하면 삐빅 소리가 나면서 컴퓨터는 상품의 이름과 가격을 찾아내요.

바코드 스캐너의 빨간 불빛이 반짝이면 바코드의 줄무늬를 읽는 거예요. 바코드를 읽어내는 데 성공하면 스캐너는 삐빅 하고 소리를 내지요.

바코드는 왜 흰색과 검은색으로 되어 있을까요?

검은색은 모든 빛을 흡수하고, 흰색은 모든 빛을 반사해요. 이렇게 바코드는 검은색과 흰색으로 되어 있어야 스캐너를 사용했을 때 정확하게 읽혀요.

스캐너를 작동하면 바코드의 검은 선에 닿은 빛은 흡수되고, 흰 선에 닿은 빛은 반사되어 반사광으로 바뀌어요.

바코드 스캐너 안에서 아주 중요한 일을 맡고 있는 삼형제가 있어요.
그들은 바로 광전 센서와 수신기, 신호 변환기랍니다.

광전 센서

바코드를 정확하게 감지하기 위한 광전 센서는 바코드에 빛을 쏘는 일을 해요.

수신기

수신기는 반사된 빛을 받아 광 신호를 전자 신호로 바꾼 뒤 신호 변환기에 전달해요.

신호 변환기

신호 변환기는 전자 신호를 컴퓨터가 이해할 수 있는 컴퓨터 신호로 바꿔 컴퓨터에 보내요.

기계와 전기

3장 기계와 전기

컴퓨터가 특급 임무를 완수해요!

컴퓨터에서 검은 선은 숫자 1로, 하얀 선은 숫자 0으로 바뀌어요. 이런 1과 0의 다양한 배열로 컴퓨터에서 "삐빅!" 소리가 나면 금세 제품 번호를 알 수 있어요.

코드를 풀어 봐요!

하나의 바코드에는 총 95개의 검은 선과 흰 선이 있는데요. 7개의 칸마다 1개의 숫자로 이뤄집니다. 다음 순서에 따라 번호를 적어 보면 바코드의 번호를 알 수 있을 거예요.

기계와 전기

1 검은색 선 위에는 1을, 하얀색 선 위에는 0을 쓰는 식으로 모든 칸을 채워 봐요.

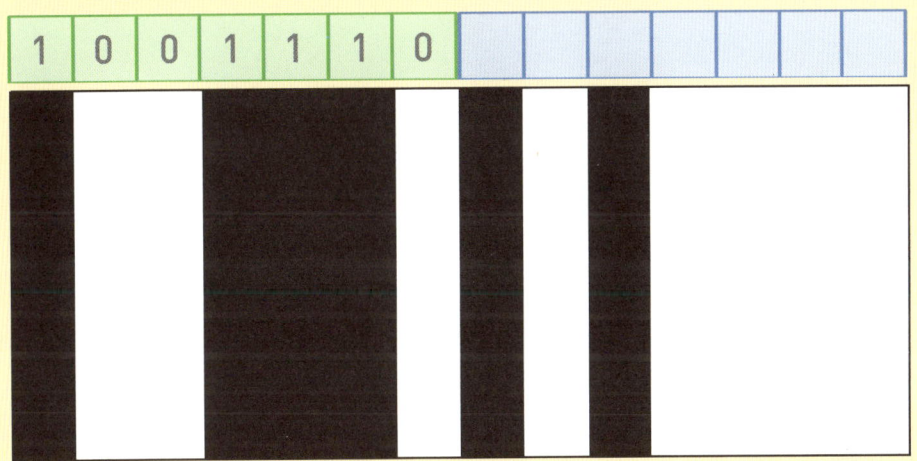

2 우선 1번의 빈칸 ▭▭▭▭▭▭▭ 에 답을 적어요. 그러고 나서 다시 아래의 대조표에 따라 대응하는 숫자를 찾아 빈칸 ▢ 에 적어요

대조표				
1100110=1	1101100=2	1000010=3	1011100=4	1001110=5
1010000=6	1000100=7	1001000=8	1110100=9	1110010=0

| 1 | 0 | 0 | 1 | 1 | 1 | 0 | = | 5 |

| | | | | | | | = | |

정답 : 1010000=6

3장 기계와 전기　**81**

15
무엇을 타고 여행 갈까?

> 멀리 여행 갈 때는 무엇을 타고 갈까요?

장거리 여행을 갈 때는 고속버스나 고속철, 기차 등을 탈 수 있어요. 속도의 차이는 있지만 모두 직접 운전하지 않아도 되니 편하게 갈 수 있지요.

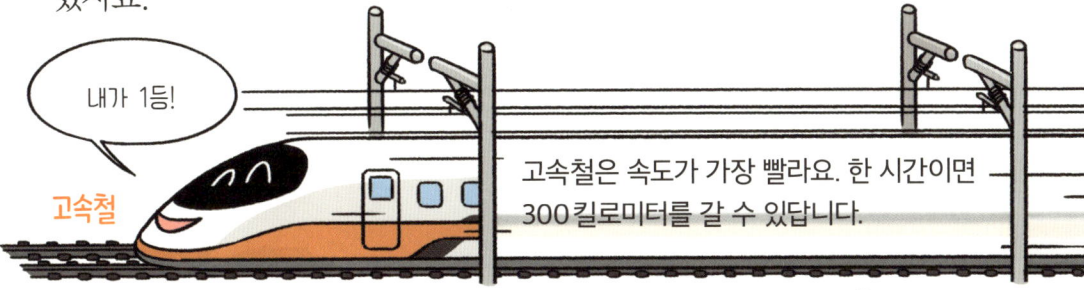

내가 1등!

고속철

고속철은 속도가 가장 빨라요. 한 시간이면 300킬로미터를 갈 수 있답니다.

기차의 속도는 중간이에요. 제일 빠른 기차는 한 시간에 140킬로미터를 갈 수 있죠.

기차

고속버스는 너무 빨리 가면 매우 위험해요. 고속도로에서는 한 시간에 110킬로미터를 넘게 갈 수 없답니다.

고속버스

 어째서 고속철과 기차가 다른 차보다 빠를까?

❶ 차가 막히지 않아서

❷ 고속철과 기차 몸이 튼튼해서

❸ 고속철과 기차는 바퀴가 많아서

❶ : 답정

4장 즐거운 여행

차가 막히지 않는 고속철과 기차

고속철과 기차는 철도 위를 달려요. 철도에는 신호등이 없고 차도 없지요. 덕분에 막히지 않아 속도도 엄청 빠르고 안전하지요.

고속버스와 자동차는 기름을 넣어야 달릴 수 있어요.

기차 타고 가는 여행

꽁냥이, 톡톡이와 함께 기차 여행을 따라가 봐요.

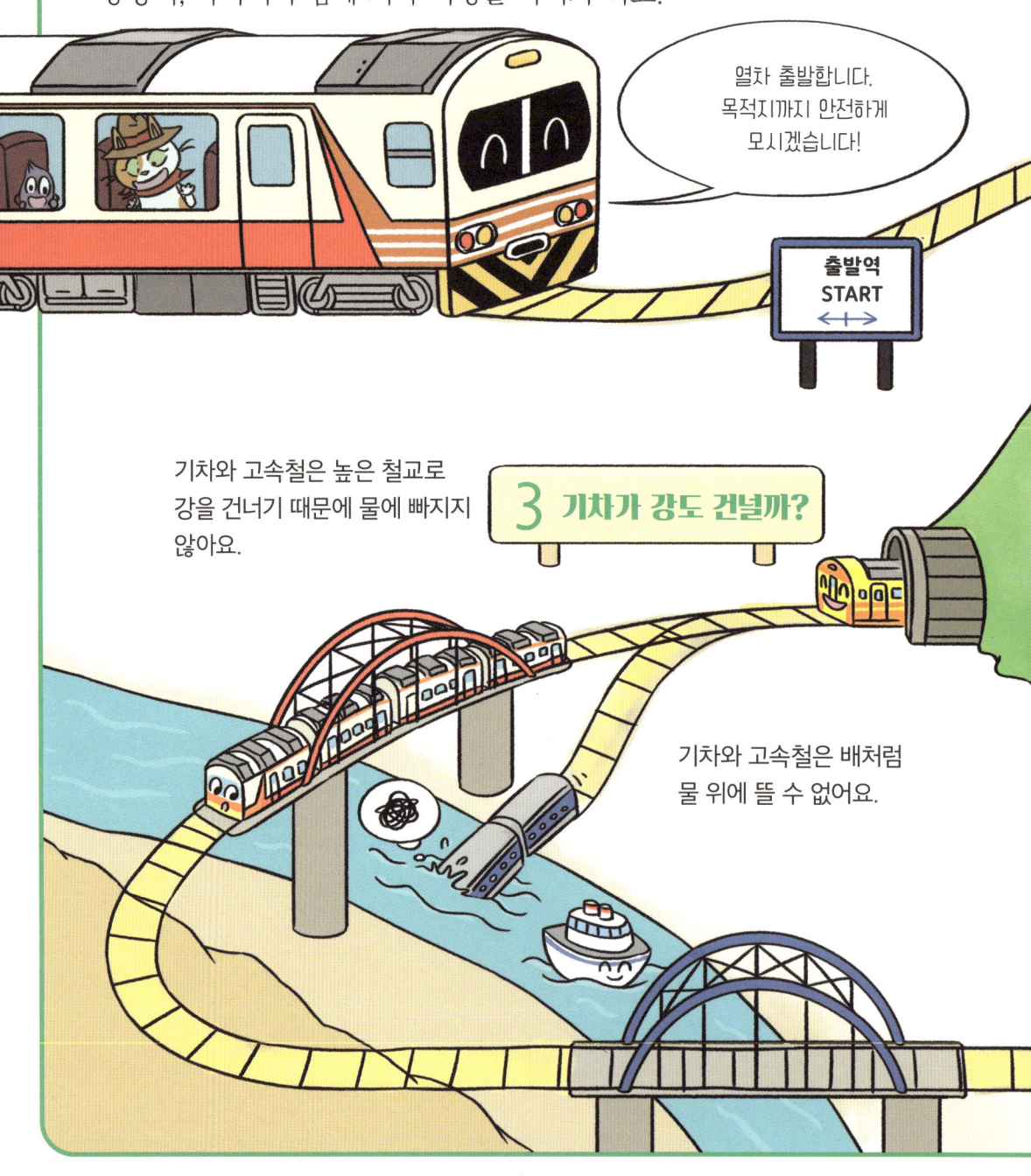

즐거운 여행

1 기차의 연료는?

옛날 기차는 석탄에 불을 피워 앞으로 나갔어요. 하지만 요즘 기차는 대부분 석탄을 사용하지 않아요.

요즘 기차와 고속철은 전력으로 움직여요. 철도 위의 전선을 통해 전기를 공급받지요.

2 기차가 산을 만나면?

기차와 고속철은 여러 량의 열차로 이뤄져 있어서 무게가 아주 무거워요. 그래서 산을 오르기에 적당하지 않아요.

대신 기차나 고속철은 터널을 통과해 높은 산을 빠르고 편하게 지나가지요.

드디어 도착! 이제 여행을 시작해 볼까?

도착
GOAL
↔

기차와 고속철은 매우 길고 속도가 빨라 갑자기 방향을 바꾸면 넘어질 수 있어요.

4 기차의 방향 바꾸기

기차나 고속철이 방향을 틀 때는 속도를 줄여야 안전하게 방향을 바꿀 수 있어요.

4장 즐거운 여행

16
몰라도 돼, GPS가 있잖아!

GPS는 어떻게 길을 다 알까요?

우리가 볼 수 없는 아주 높은 곳에서 GPS 위성이 차에 있는 내비게이션에 가는 길을 다 알려 주기 때문이에요.

태양 전지판

GPS 위성

신호 발신기

20,000 m

GPS 위성이 보내는 신호는 우리 눈에 보이지도 귀에 들리지도 않지만 차 안의 내비게이션에 수신기가 있어 정확하게 받을 수 있어요.

GPS 위성, 나 여기 있어!

GPS는 위성 항법 시스템이라고도 불러요. GPS 위성은 2만 미터 상공에서 지구 주위를 돌며 끊임없이 지면에 신호를 보내고 있지요.

우리에게 길을 알려 주는 GPS

먼 하늘에는 24개의 GPS 위성이 떠 있어요. 그중 4개의 GPS 위성으로부터 신호를 받아 차의 내비게이션이 길을 찾는답니다.

1 위성은 우리가 사는 지구 표면으로 신호를 보내요.

2 그 신호를 잠시 뒤 차에 있는 내비게이션이 받아요.

3 내비게이션은 시간의 길이에 따라 자신과 위성 4개와의 거리를 계산해 내요.

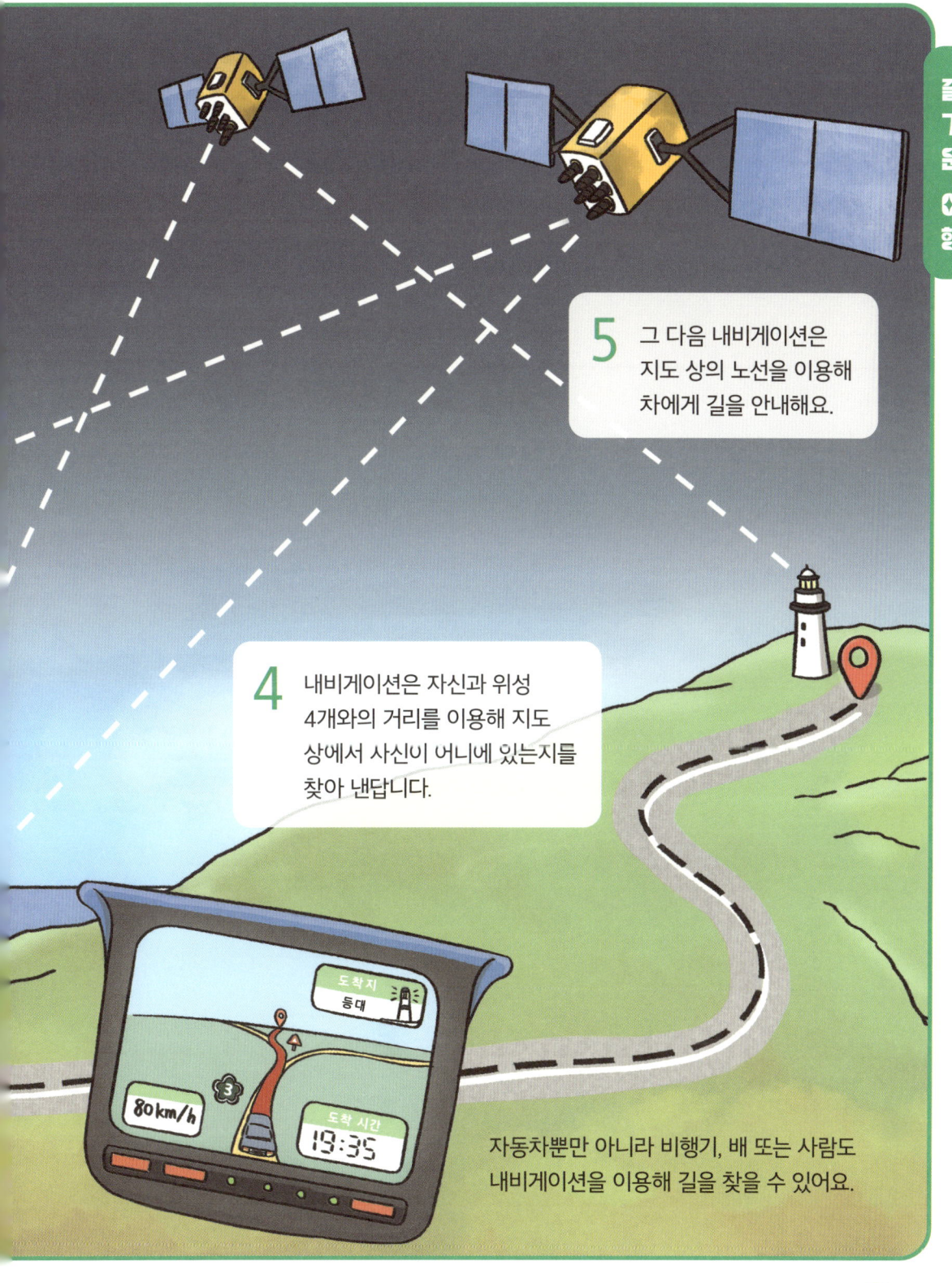

다양한 종류의 인공위성

GPS 위성 외에도 우리가 쏘아올린 매우 다양한 위성들이 여러 가지 일을 하고 있어요.

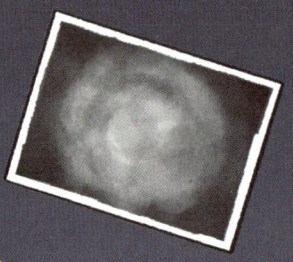

1 기상 위성
지구의 기상 자료를 수집하고, 높은 하늘에서 구름층과 태풍의 사진을 찍어 기상 예보를 도와요.

2 통신 위성
높은 하늘에서 사람들이 전화와 메세지, 팩스, 텔레비전 프로그램 등을 전송하도록 도와요. 사람들이 살지 않는 산간 지역이나 사막, 바다에서도 이 통신 위성을 통해 연락할 수 있답니다.

3 관측 위성

지구 표면에서 일어나는 일을 사진으로 찍거나 기록해요. 화산 폭발이나 흙과 바위가 쏟아져 내리는 산사태, 산에서 생긴 커다란 화재 등을 관측 위성으로 확인할 수 있어요.

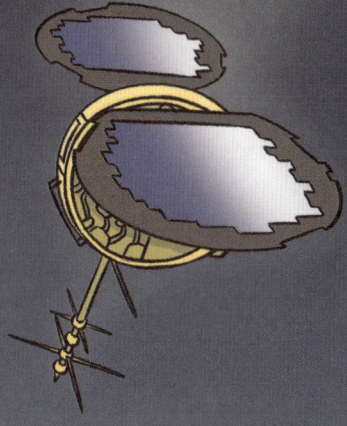

4 과학 위성

우주에서 과학 기구 등을 이용해 과학자들이 태양과 우주 또는 지구에 관한 자료를 수집할 수 있도록 도와요.

와, 북극의 빙산은 조각조각 나 있구나!

그게 다 인공위성이 찍은 거야.

쿨쿨

4장 즐거운 여행

17 튜브는 왜 필요하지?

즐거운 여행

사람들은 왜 튜브를 쓸까요?

많은 동물들은 태어나면서부터 수영을 할 수 있지만 사람은 그렇지 않아요. 그래서 수영을 배우지 않은 사람은 튜브가 있어야만 안전하게 물 위에서 뜰 수 있어요.

튜브는 입으로 바람을 불어넣거나 주입기로 공기를 넣어야 물에서 뜰 수 있어요.

공기가 가득 찬 튜브는 부력이 커져 우리 몸이 물에 뜨도록 도와줘요.

튜브에 공기가 새어나가는 곳이 있으면 부력이 작아져 우리 몸이 물에 가라앉을 수도 있어요.

물체가 떠오르게 하는 힘을 부력이라고 해.

4장 즐거운 여행

18 불꽃은 왜 여러 가지 색깔일까?

갖가지 색깔의 불꽃

알록달록 불꽃의 비밀은 바로 금속이에요.
서로 다른 화약 속에는 여러 금속 분말이 들어 있어 폭발할 때 갖가지 다른 색깔의 불꽃이 되죠.

정답 : 폭죽

불꽃은 어떻게 만들어질까요?

불꽃은 종이로 만든 단단한 껍데기인 옥피가 폭발하면서 만들어져요. 별과 화약을 디자인에 따라 배열해 옥피 안에 넣고 도화선을 단 뒤 종이를 붙여 놓으면 불꽃을 쏠 준비가 된 거예요.

불꽃의 비밀

별
화약에 여러 가지 금속 분말을 섞어 만드는데 불꽃이 다양한 색깔을 내게 하는 역할을 해요.

할약
할약은 황과 숯, 질산 칼륨을 섞어서 만든 검은색 화약이에요. 할약은 불이 붙으면 옥피를 부수고 별을 사방으로 밀어내는 역할을 해요.

얇은 종이
별과 화약을 분리시키는 역할을 해요.

추진 화약
폭발이 일어날 때 불꽃을 높은 하늘로 밀어 올려 보내는 화약이에요.

도화선
불은 도화선을 타고 옥피 안으로 들어가요.

불꽃 디자인

별과 화약은 서로 다른 위치에 배열되어 있어 다양한 디자인과 색깔의 불꽃을 만들 수 있답니다.

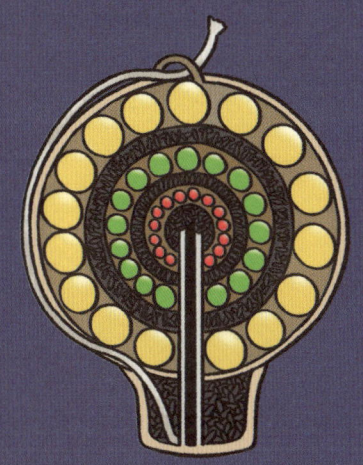

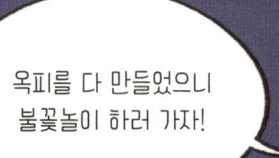

옥피를 다 만들었으니 불꽃놀이 하러 가자!

 이 옥피는 과연 어떤 모양의 불꽃으로 터질까요?

   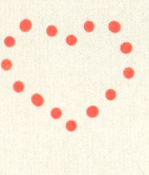

❶ 웃는 얼굴　　❷ 바나나　　❸ 하트

❶ : 정답

4장 즐거운 여행

아름다운 불꽃을 쏘아 올려요!

불꽃을 쏘아 올리려면 *포신을 준비해야 해요. 옥피를 포신 안에 넣고 불꽃을 발사할 방향으로 포신을 맞춰요. 그런 다음 불을 붙이면 옥피가 하늘로 날아올라 아름다운 불꽃으로 터지게 된답니다.

* 포신은 포의 몸통이에요.

19 누가 비행기를 조종하지?

비행기를 조종하는 사람은 어디에 있을까요?

비행기를 조종하는 사람을 기장이라고 불러요. 기장은 비행기 앞쪽의 조종석에 있지요. 안전한 비행을 위해 승객은 함부로 조종석에 들어갈 수 없어요.

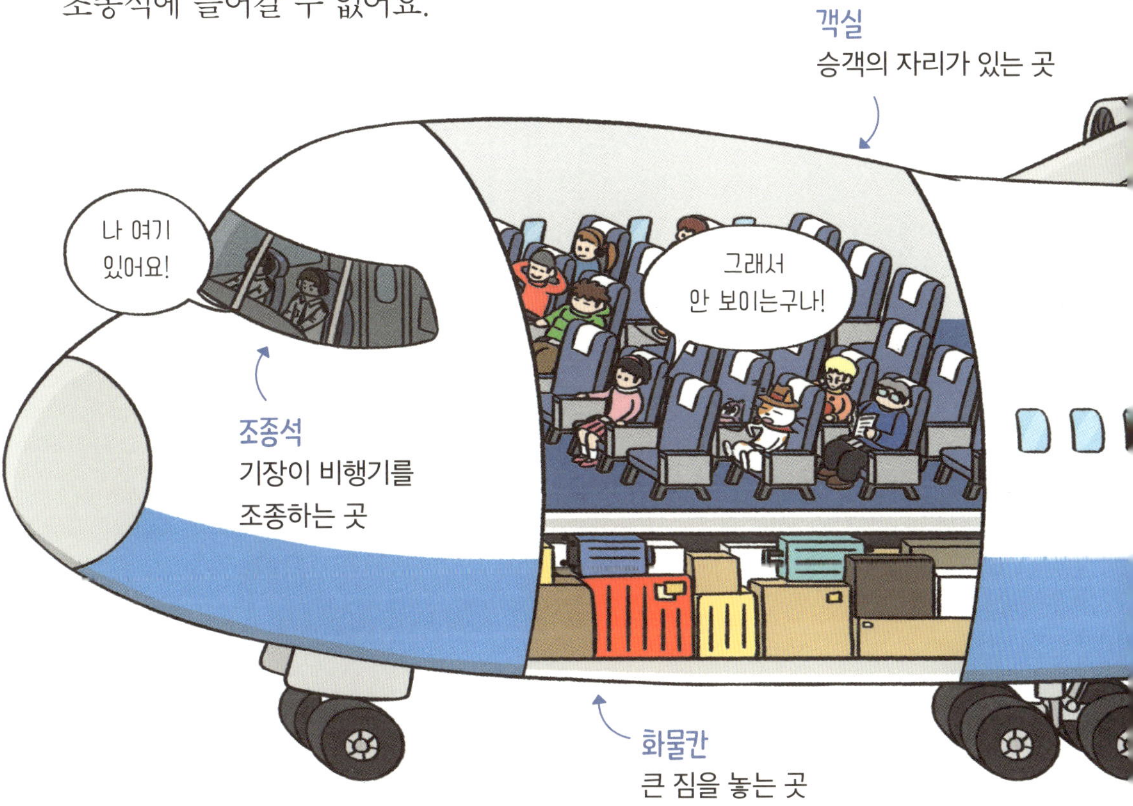

객실
승객의 자리가 있는 곳

나 여기 있어요!

그래서 안 보이는구나!

조종석
기장이 비행기를 조종하는 곳

화물칸
큰 짐을 놓는 곳

비행기 승무원은 모두 유니폼을 입는데 유니폼 어깨에 네 줄의 금빛 줄무늬가 있는 사람이 바로 기장이랍니다.

기장은 어떻게 비행기를 조종할까요?

조종석에는 부기장도 있어요. 기장이 비행기를 조종할 때 부기장도 안전한 비행이 될 수 있도록 열심히 돕지요. 또한 기장이 잠시 조종을 할 수 없게 되면 부기장이 대신 비행기를 조종한답니다.

항공 전자계기 (Primary Flight Display, PFD)
비행기의 속도와 고도, 방향 등 여러 비행 정보가 표시되는 전자 계기에요.

기장

요크(Yoke)
비행의 각도를 조종하는 핸들이랍니다.

스로틀(Throttle)
비행기의 속도를 조종하는 핸들로 자동차의 액셀과 같아요.

오버헤드 패널 (Overhead Panel)
전력과 연료, 에어컨, 조명, 경고등 등의 장치를 켜고 끄는 스위치가 있는 판이에요.

부기장

엔진 계기 및 승무원 경고 시스템 (Engine Indications and Crew Alerting System, EICAS)
엔진과 기계의 작동 상태를 표시하는 시스템으로 문제가 있을 때 경고 상태를 알려 줘요.

즐거운 여행

밤에는 어떻게 비행해?

기장님이 자동 비행 버튼을 눌러서 미리 입력한 항로대로 자동 조종되게 하지.

기장은 자지 않을까요?

물론 기장도 잠을 자야 해요. 기장과 부기장이 번갈아 쉬러 갈 때도 조종석에는 반드시 사람이 있어야 하고요. 또한 기장이 화장실에 갈 때도 승무원이 조종석에 들어와 안전을 확인한답니다.

비행기 이륙 준비 완료!

비행기는 이륙할 때 먼저 바퀴로 활주로를 달려 기체가 위로 들리면서 단숨에 하늘로 날아올라요. 이렇게 커다란 비행기가 도대체 어떻게 날아오를 수 있는 걸까요?

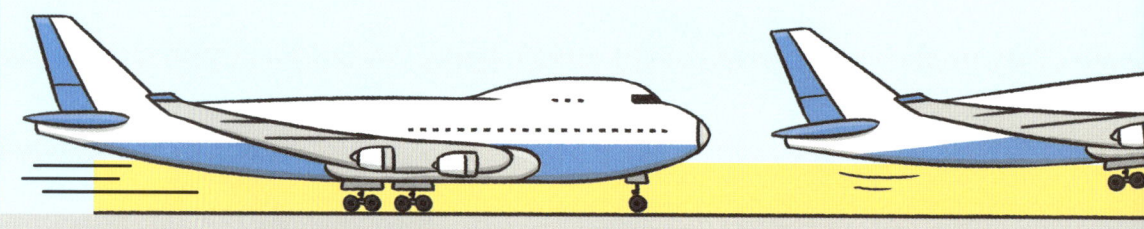

❶ 속도를 올려 활주해요.

❷ 비행기 기수를 위로 들어 올려요.

비행기는 어떻게 날 수 있을까요?

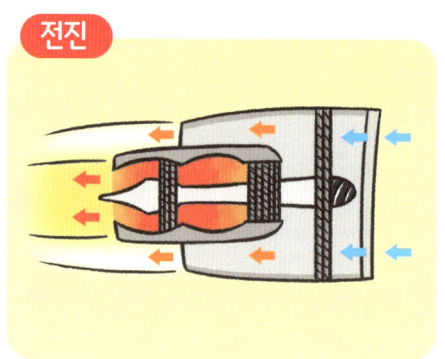

비행기 양쪽 날개 아래의 엔진은 뒤쪽으로 기류를 뿜어서 비행기를 앞으로 밀어내는 추진력을 만들어요.

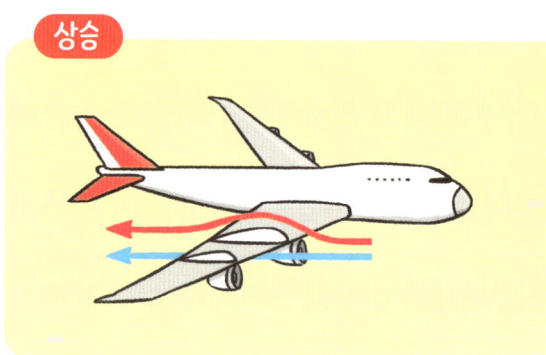

비행기의 날개는 새의 날개와 마찬가지로 단면을 자르면 ⌒ 모양이에요.

비행기의 바퀴는 평소에 기체 안에 들어가 있다 이륙을 하거나 착륙을 할 때만 내려와요. 그래야 공기 저항을 낮추고 기름을 아낄 수 있거든요.

③ 땅에서 날아올라요.

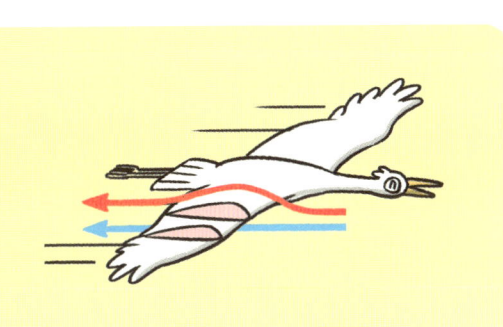

빠르게 앞으로 나갈 때 비행기 날개 아래의 공기가 비행기를 위로 들어 올리는데 이것이 바로 비행기를 뜨게 하는 힘, 양력이랍니다.

비행기는 전진하는 추진력과 상승하는 양력만 있으면 날아올라.

와, 비행기가 난다! 기장님 최고!

권말 부록

꽁냥과 톡톡의 과학 수다 & 퀴즈!

 톡톡아, 2권에서는 우리가 곳곳을 여행하면서 네가 궁금해하는 질문에 답을 해 줬는데 기억나?

음, 1권에서처럼 뭐든지 질문해 봐. 내가 맞혀 볼게.

 좋아, 자 첫 번째 질문! 햇빛과 작은 물방울이 함께 만들고 비가 막 그치고 해가 떴을 때 나타나는 게 뭘까?

그야 일곱 색깔 ① ☐☐☐ 지!

 오, 첫 문제부터 잘 맞혔네. 무지개는 일곱 색깔이라고 했는데 그러면 햇빛은 무슨 색일까?

원래 ② ☐☐☐ 입니다!

 그런데 왜 일곱 색깔 무지개가 될까?

③ ☐☐ 과 ④ ☐☐ 로 일곱 색깔이 되지.

 하나를 가르쳐 주면 열을 아네! 두 번째 문제도 잘 맞힐 수 있을까? 자, 우리가 달까지 가려면 무엇을 타야 할까?

⑤ ☐☐ 과 ⑥ ☐☐☐ 이 필요해. 비행기로는 갈 수 없지!

 세 번째 질문 갑니다! 세계에서 가장 추운 곳이 어디게?

정답은 ⑦ ☐☐ ! ☐☐ 이 북극보다 추워서 펭귄이 북극곰보다 추위를 잘 견디지.

다음 문제! 닭다리, 라면, 금속 캔 음료 중 전자레인지에 데울 수 없는 것은?

⑧ ☐☐☐☐ 지! 금속이 들어간 건 다 안 돼!

오, 대단한데! 그럼 마지막 문제, 우리가 서울에서 출발해 부산까지 가려면 뭘 타야 가장 빠를까?

당연히 ⑨ ☐☐☐ 이지! ☐☐☐ 은 한 시간에 300킬로미터를 가니까 1등이잖아.

오, 똑똑하네! 우리 톡톡이 진짜 열심히 공부했구나. 그럼 얼른 짐 챙겨. 고속철 타고 놀러 가야지.

오케이, 빨리 출발하자!

❷ 전자레인지는 초능력자!

1판 1쇄 인쇄 2023년 12월 13일 | **1판 1쇄 발행** 2024년 1월 2일
글 후먀오펀 | **그림** 주지아위·훌라왕 | **옮김** 정세경 | **감수** 와이즈만 영재교육연구소
발행처 와이즈만 BOOKs | **발행인** 염만숙 | **출판사업본부장** 김현정 | **편집** 원선희 양다운
기획·진행 CASA LIBRO | **디자인** 인앤아웃 | **마케팅** 강윤현 백미영 장하라
출판등록 1998년 7월 23일 제1998-000170 | **제조국** 대한민국
주소 서울특별시 서초구 남부순환로 2219 나노빌딩 5층
전화 마케팅 02-2033-8987 | **편집** 02-2033-8928 | **팩스** 02-3474-1411
전자우편 books@askwhy.co.kr | **홈페이지** mindalive.co.kr | **사용 연령** 8세 이상
ISBN 979-11-92936-27-7 74410 979-11-92936-25-3(세트)

잘못된 책은 구입처에서 바꿔 드립니다.
와이즈만 BOOKs는 (주)창의와탐구의 출판 브랜드입니다.
KC마크는 이 제품이 공통안전기준에 적합하였음을 의미합니다.